Il mio libro illustrato bilingue

Cartea mea bilingvă cu ilustrații

Le più belle storie per bambini di Sefa in un unico volume

Ulrich Renz • Barbara Brinkmann:

Dormi bene, piccolo lupo · Somn uşor, micule lup

Per bambini dai 2 anni in su

Cornelia Haas • Ulrich Renz:

Il mio più bel sogno · Visul meu cel mai frumos

Per bambini dai 2 anni in su

Ulrich Renz • Marc Robitzky:

I cigni selvatici · Lebedele sălbatice

Tratto da una fiaba di Hans Christian Andersen

Per bambini dai 5 anni in su

© 2024 by Sefa Verlag Kirsten Bödeker, Lübeck, Germany. www.sefa-verlag.de

Special thanks to Paul Bödeker, Freiburg, Germany

All rights reserved.

ISBN: 9783756305025

Leggere · ascoltare · capire

Dormi bene, piccolo lupo
Somn uşor, micule lup

Ulrich Renz / Barbara Brinkmann

italiano — bilingue — rumeno

Traduzione:

Margherita Haase (italiano)

Stefan Gitman (rumeno)

Audiolibro e video:

www.sefa-bilingual.com/bonus

Accesso gratuito con la password:

italiano: **LWIT1829**

rumeno: **LWRO2724**

Buona notte, Tim! Domani continuiamo a cercare.
Adesso però dormi bene!

Noapte bună, Tim! Vom continua să căutăm mâine.
Somn uşor!

Fuori è già buio.

Afară este deja întuneric.

Ma cosa fa Tim?

Ce face Tim acolo?

Va al parco giochi.
Che cosa sta cercando?

Iese afară, se duce la locul de joacă.
Pe cine caută oare acolo?

Il piccolo lupo.

Senza di lui non riesce a dormire.

Pe micul lup!

Nu poate dormi fără el.

Ma chi sta arrivando?

Cine vine acum?

Marie! Lei sta cercando la sua palla.

Marie! Ea îşi caută mingea.

E Tobi cosa cerca?

Şi oare ce caută Tobi?

La sua ruspa.

Excavatorul lui.

E oare ce cerca Nala?

Și oare ce caută Nala?

La sua bambola.

Păpuşa ei.

Ma i bambini non devono andare a letto?
Il gatto si meraviglia.

Copiii ăştia nu trebuie să se ducă la culcare?
Pisica se miră.

E adesso chi sta arrivando?

Cine vine acum?

La mamma e il papà di Tim.
Senza il loro Tim non riescono a dormire.

Mama şi tatăl lui Tim!
Ei nu pot dormi fără Tim.

Ed ecco che arrivano anche altri!
Il papà di Marie. Il nonno di Tobi. E la mamma di Nala.

Şi acum vin mai mulţi! Tatăl Mariei.
Bunicul lui Tobi. Şi mama Nalei.

Ma adesso svelti a letto!

Acum repede în pătuţ!

Buona notte, Tim!
Domani non dobbiamo più cercare.

Noapte bună, Tim.
Nu mai e nevoie să căutăm mâine.

Dormi bene, piccolo lupo!

Somn uşor, micule lup!

Cornelia Haas • Ulrich Renz

Il mio più bel sogno

Visul meu cel mai frumos

Traduzione:

Clara Galeati (italiano)

Bianca Roiban (rumeno)

Audiolibro e video:

www.sefa-bilingual.com/bonus

Accesso gratuito con la password:

italiano: `BDIT1829`

rumeno: `BDRO2724`

Lulù non riesce ad addormentarsi. Tutti gli altri stanno già sognando – lo squalo, l'elefante, il topolino, il drago, il canguro, il cavaliere, la scimmia, il pilota. E il leoncino. Anche all'orso stanno crollando gli occhi …

Ehi orso, mi porti con te nel tuo sogno?

Lulu nu poate să adoarmă. Toți ceilalți visează deja – rechinul, elefantul, șoarecele cel mic, dragonul, cangurul, cavalerul, maimuța, pilotul. Și puiul de leu. Și ursului aproape că i se închid ochii.

Ursule, mă iei cu tine în visul tău?

E così Lulù è già nel paese dei sogni degli orsi. L'orso cattura pesci nel lago Tagayumi. E Lulù si chiede chi potrebbe mai vivere là su quegli alberi? Quando il sogno è finito, Lulù vuole provare qualcos'altro. Vieni, andiamo a trovare lo squalo! Che cosa starà sognando?

Și deja este Lulu în lumea de vis a urșilor. Ursul prinde pești în lacul Tagayumi. Și Lulu se miră, oare cine locuiește acolo sus în copaci? Când visul s-a sfârșit, Lulu vrea să descopere și mai mult. Hai și tu, îl vizităm pe rechin! Oare ce visează el?

Lo squalo sta giocando ad acchiapparella con i pesci. Finalmente ha degli amici! Nessuno ha paura dei suoi denti aguzzi.

Quando il sogno è finito, Lulù vuole provare qualcos'altro. Venite, andiamo a trovare l'elefante! Che cosa starà sognando?

Rechinul se joacă de-a prinselea cu peștii. În sfârșit are prieteni! Niciunuia nu îi e frică de dinții lui ascuțiți.
Când visul s-a sfârșit, Lulu vrea să descopere și mai mult. Haideți și voi, îl vizităm pe elefant! Oare ce visează el?

L'elefante è leggero come una piuma e può volare! Sta per atterrare sul prato celeste.

Quando il sogno è finito, Lulù vuole provare qualcos'altro. Venite, andiamo a trovare il topolino! Che cosa starà sognando?

Elefantul este ușor ca o pană și poate zbura! Imediat aterizează pe pajiștea cerului.

Când visul s-a sfârșit, Lulu vrea să descopere și mai mult. Haideți și voi, îl vizităm pe șoarecele cel mic. Oare ce visează el?

Il topolino sta guardando la fiera. Gli piacciono particolarmente le montagne russe.

Quando il sogno è finito, Lulù vuole provare qualcos'altro. Venite, andiamo a trovare il drago! Che cosa starà sognando?

Șoarecele cel mic e la bâlci. Cel mai mult îi place trenulețul zburător. Când visul s-a sfârșit, Lulu vrea să descopere și mai mult. Haideți și voi, îl vizităm pe dragon. Oare ce visează el?

Il drago, a furia di sputare fuoco, ha sete. Gli piacerebbe bersi l'intero lago di limonata.

Quando il sogno è finito, Lulù vuole provare qualcos'altro. Venite, andiamo a trovare il canguro! Che cosa starà sognando?

Dragonului îi este sete de la scuipat de foc. Cel mai mult i-ar plăcea să bea tot lacul de limonadă.

Când visul s-a sfârșit, Lulu vrea să descopere și mai mult. Haideți și voi, îl vizităm pe cangur! Oare ce visează el?

Il canguro sta saltando nella fabbrica di dolciumi e si riempe il marsupio.
Ancora caramelle blu! E ancora lecca-lecca! E cioccolata!
Quando il sogno è finito, Lulù vuole provare qualcos'altro. Venite, andiamo a trovare il cavaliere! Che cosa starà sognando?

Cangurul sare prin fabrica de dulciuri și își îndoapă marsupiul. Și mai multe bomboane albastre! Și mai multe acadele! Și ciocolata!
Când visul s-a sfârșit, Lulu vrea să descopere și mai mult. Haideți și voi, îl vizităm pe cavaler! Oare ce visează el?

Il cavaliere sta facendo una battaglia di torte con la principessa dei suoi sogni. Oh! La torta alla panna va nella direzione sbagliata!
Quando il sogno è finito, Lulù vuole provare qualcos'altro. Venite, andiamo a trovare la scimmia! Che cosa starà sognando?

Cavalerul face o bătaie cu tort cu prințesa lui de vis. Oh! Tortul de frișcă zboară pe lângă!

Când visul s-a sfârșit, Lulu vrea să descopere și mai mult. Haideți și voi, o vizităm pe maimuță! Oare ce visează ea?

Finalmente ha nevicato in Scimmialandia! L'intera combriccola di scimmie non sta più nella pelle e si comportano tutte come in una gabbia di matti. Quando il sogno è finito, Lulù vuole provare qualcos'altro. Venite, andiamo a trovare il pilota! In che sogno potrebbe essere atterrato?

În sfârșit a nins odată în lumea maimuțelor! Toată trupa maimuțelor și-a ieșit din minte și face spectacol.

Când visul s-a sfârșit, Lulu vrea să descopere și mai mult. Haideți și voi, îl vizităm pe pilot! În ce vis a aterizat el oare?

Il pilota vola e vola ancora. Fino ai confini della terra e ancora più lontano, fino alle stelle. Non ce l'ha fatta nessun altro pilota.
Quando il sogno è finito, sono già tutti molto stanchi e non vogliono più continuare a provare così tanto. Però il leoncino, vogliono ancora andare a trovarlo. Che cosa starà sognando?

Pilotul zboară și zboară. Până la capătul pământului și mai departe până la stele. Așa ceva nu a reușit nici un alt pilot.
Când visul s-a sfârșit, sunt toți foarte obosiți și nu mai vor să descopere așa de multe. Dar pe puiul de leu mai vor să îl viziteze. Oare ce visează el?

Il leoncino ha nostalgia di casa e vuole tornare nel caldo, accogliente letto.
E gli altri pure.

E là inizia ...

Puiului de leu îi este dor de casă și vrea înapoi în patul cald și pufos.
Și ceilalți la fel.

Și atunci începe ...

... il più bel sogno
di Lulù.

... visul cel mai frumos
al lui Lulu.

Ulrich Renz • Marc Robitzky

I cigni selvatici

Lebedele sălbatice

Traduzione:

Emanuele Cattani, Clara Galeati (italiano)

Bianca Roiban (rumeno)

Audiolibro e video:

www.sefa-bilingual.com/bonus

Accesso gratuito con la password:

italiano: **WSIT1829**

rumeno: **WSRO2724**

Ulrich Renz · Marc Robitzky

I cigni selvatici

Lebedele sălbatice

Tratto da una fiaba di

Hans Christian Andersen

italiano — bilingue — rumeno

C'erano una volta dodici figli di un re – undici fratelli ed una sorella più grande, Elisa. Vivevano felici in un bellissimo castello.

Au fost odată, ca niciodată doisprezece copii de rege – unsprezece frați și o soră mai mare, Elisa. Ei trăiau fericiți într-un palat minunat.

Un giorno la madre morì, e poco tempo dopo il re si risposò. La nuova moglie però era una strega cattiva. Con un incantesimo, trasformò gli undici principi in cigni e li mandò molto lontano, in un Paese al di là della grande foresta.

Într-o zi mama murise, și după un timp regele se recăsători. Dar soția cea nouă era o vrăjitoare rea. Ea vrăji pe cei unsprezece prinți în lebede și îi trimise departe, într-o țară depărtată, după pădurea cea mare.

Vestì la ragazza di stracci e le spalmò sul volto un orribile unguento, tanto che nemmeno il padre riuscì più a riconoscerla e la cacciò dal castello. Elisa corse nella foresta tenebrosa.

Ea a îmbrăcat fetița în zdrențe și îi mânji fața cu o alifie urâtă, așa încât chiar propriul tată nu o mai recunoscu și o izgoni din palat. Elisa fugi în pădurea neagră.

Ora era completamente sola, e desiderava con tutto il cuore rivedere i suoi fratelli scomparsi. Quando venne la sera, si fece un letto di muschio sotto un albero.

Acum era foarte singură și tânjea din adâncul sufletului după frații ei dispăruți. Când se înoptă își făcu sub pomi un pat din mușchi.

La mattina dopo giunse ad un lago calmo, e rimase sconcertata nel vedere il proprio riflesso nell'acqua. Ma appena si pulì, divenne la più bella principessa sulla faccia della terra.

Ziua următoare veni ea la un lac limpede și se îngrozi când își văzu chipul oglindit. Însă după ce se spălă, era cel mai frumos copil de rege sub soare.

Molti giorni dopo, Elisa raggiunse il grande mare. Tra le onde, oscillavano undici piume di cigno.

După multe zile ajunse Elisa la marea cea mare. Pe valuri pluteau unsprezece pene de lebede.

Quando il sole tramontò, ci fu un fruscio nell'aria, e undici cigni si posarono sull'acqua. Elisa riconobbe immediatamente i propri fratelli stregati. Ma dato che parlavano la lingua dei cigni, lei non li poté capire.

La apusul soarelui s-a auzit un fâlfâit în aer și unsprezece lebede aterizau pe apa. Elisa recunoscu imediat pe frații ei vrăjiți. Dar fiindca ei vorbeau limba lebedelor, ea nu îi putea înțelege.

Durante il giorno i cigni volavano via, e la notte si accoccolavano tutti assieme alla sorella in una grotta.

Una notte, Elisa fece uno strano sogno. Sua madre le disse come avrebbe potuto liberare i suoi fratelli. Avrebbe dovuto tessere delle camicie di ortiche per ognuno di loro e poi lanciargliele. Fino a quel momento però, non le era concesso dire una sola parola, altrimenti i suoi fratelli sarebbero morti. Elisa si mise immediatamente al lavoro. Sebbene le mani le bruciassero, continuò a tessere senza stancarsi.

Ziua lebedele plecau în zbor, noaptea se cuibăreau frații împreună cu sora lor într-o peșteră.

Într-o noapte Elisa avuse un vis ciudat: mama ei îi spuse cum putea să-și elibereze frații. Din urzici trebuia să tricoteze pentru fiecare lebădă o cămășuță și să o arunce peste ea. Dar până atunci nu avea voie să vorbească nici un cuvânt, altfel ar fi trebuit să moară frații ei.
Elisa se puse imediat pe treabă. Deși mâinile îi ardeau ca focul, ea tricota neobosită. Ziua lebedele plecau în zbor, noaptea se cuibăreau frații împreună cu sora lor într-o peșteră.

Un giorno, si sentirono corni da caccia in lontananza. Un principe venne cavalcando con il suo seguito e presto le fu di fronte. Non appena i due si guardarono negli occhi, si innamorarono.

Într-o zi se auziră din depărtare cornuri de vânătoare. Un prinț veni cu alaiul său călărind și în curând stătu în fața ei. De îndată ce-și întâlniră privirile, se îndrăgostiră unul de celălalt.

Il principe fece salire Elisa sul cavallo e la condusse al proprio castello.

Prințul o ridică pe Elisa pe calul său și călări cu ea spre palatul său.

Il potente tesoriere fu tutto fuorché felice dell'arrivo della principessa muta. La propria figlia sarebbe dovuta diventare la sposa del principe.

Puternicul trezorier nu era deloc fericit de sosirea frumoasei mute. Fiica sa trebuia să devină mireasa prințului.

Elisa non si era dimenticata dei suoi fratelli. Ogni sera continuava il suo lavoro sulle camicie. Una notte uscì per andare al cimitero a cogliere delle ortiche fresche. Il tesoriere la osservò di nascosto.

Elisa nu își uitase frații. În fiecare noapte lucră mai departe la cămășuțe. Într-o noapte se duse în cimitir ca să adune urzici proaspete. Trezorierul o spiona.

Non appena il principe partì per una battuta di caccia, il tesoriere gettò Elisa nelle segrete. Affermò che fosse una strega che si incontrava con altre streghe durante la notte.

De îndată ce prințul plecă la vânătoare, puse ca Elisa să fie aruncată în temniță. El susținea că ea ar fi o vrăjitoare, care se întâlnea noaptea cu alte vrăjitoare.

All'alba, Elisa venne presa da delle guardie, per venir poi bruciata nella piazza del mercato.

Dis de dimineață au venit păzitorii după ea. Trebuia să fie arsă pe rug.

Non appena fu lì, arrivarono undici cigni bianchi volando. Elisa lanciò rapidamente una camicia a ciascuno di loro. Poco dopo, tutti i suoi fratelli si trovarono dinanzi a lei con sembianze umane. Solo il più piccolo, la cui camicia non era stata del tutto completata, mantenne un'ala al posto di un braccio.

De abea ajunse acolo, că deodată unsprezece lebede albe veniseră în zbor. Repede Elisa aruncă fiecăreia câte o cămășuță de urzici. De îndată stăteau toți frații în chip de om în fața ei. Doar celui mai mic, a cărui cămașă încă nu fusese gata, îi rămase în loc de braț o aripă.

I fratelli si stavano ancora baciando e abbracciando quando arrivò il principe. Finalmente Elisa gli poté spiegare tutto. Il principe fece rinchiudere il tesoriere malvagio nelle segrete. Dopodiché, si celebrò il matrimonio per sette giorni.

E vissero tutti felici e contenti.

Îmbrățișările și sărutările fraților înca nu se terminaseră când prințul se întoarse. În sfârșit putu Elisa să îi explice totul. Prințul puse ca răul trezorier să fie aruncat în temniță. Și după accea se sărbători șapte zile nuntă.

Și au trăit fericiți până la adânci bătrâneți.

Hans Christian Andersen

Hans Christian Andersen nacque nella città danese di Odense nel 1805 e morì nel 1875 a Copenaghen. Divenne famoso in tutto il mondo con le sue fiabe letterarie come „La Sirenetta", „I vestiti nuovi dell'imperatore" e „Il brutto anatroccolo". Il racconto in questione, „I cigni selvatici", fu pubblicato per la prima volta nel 1838. È stato tradotto in più di cento lingue e adattato a una vasta gamma di media, tra cui il teatro, il cinema e il musical.

Barbara Brinkmann è nata a Monaco di Baviera (Germania) nel 1969. Ha studiato architettura a Monaco e attualmente lavora alla facoltà di architettura dell'Università Tecnica di Monaco. Lavora anche come grafica, illustratrice e autrice.

Cornelia Haas è nata nel 1972 vicino ad Augusta (Germania). Ha studiato design all'Università di Scienze Applicate di Münster e si è laureata in design. Dal 2001 illustra libri per bambini e ragazzi e dal 2013 insegna pittura acrilica e digitale all'Università di Scienze Applicate di Münster.

Marc Robitzky, nato nel 1973, ha studiato alla Scuola Tecnica d'Arte di Amburgo e all'Accademia di Arti Visive di Francoforte. Lavora come illustratore freelance e designer della comunicazione ad Aschaffenburg (Germania).

Ulrich Renz è nato a Stoccarda nel 1960. Dopo aver studiato letteratura francese a Parigi, ha completato gli studi di medicina a Lubecca e ha lavorato come direttore in una casa editrice scientifica. Oggi Renz è un autore indipendente e scrive libri per bambini e ragazzi oltre a libri di saggistica.

Ti piace disegnare?

Qui puoi trovare tutte le immagini della storia da colorare:

www.sefa-bilingual.com/coloring

www.ingramcontent.com/pod-product-compliance
Lightning Source LLC
LaVergne TN
LVHW070439080526
838202LV00035B/2673